Éditions de *L'Union Economique de l'Est*

# NOUVELLES CONTRIBUTIONS DIRECTES

---

# IMPOTS
# sur les Revenus

## TEXTES COMPLETS ET MIS A JOUR
*Avec Exemples à l'appui*
*des LOIS des*

15 JUILLET 1914 : **IMPOT GÉNÉRAL**
31 JUILLET 1917 : **IMPOTS CÉDULAIRES**

**Prix : 0 fr. 60**

*IMPRIMERIE LORRAINE - RIGOT & Cie*
*51-53, Rue Saint-Georges, 51-53*
*NANCY*

# AUX CONTRIBUABLES

---

*LA CHAMBRE DE COMMERCE DE NANCY,*
*désireuse d'être utile à ses ressortissants, négociants et*
*industriels, ainsi qu'aux agriculteurs et aux contribuables*
*en général, a confié à* L'Union Economique de l'Est *la publi-*
*cation des textes complets, mis à jour et en harmonie, des*
*Lois relatives aux Impôts sur les Revenus, qui touchent ou*
*toucheront un si grand nombre de personnes.*

*Ces textes sont présentés en une brochure d'un format*
*commode, facile à consulter et à conserver. Déjà passable-*
*ment touffus, ils n'ont pas été alourdis de commentaires,*
*mais simplement éclairés de nombreux exemples — et rendus*
*de la sorte accessibles aux personnes ne disposant pas du*
*loisir nécessaire à leur étude attentive.*

*Puissent les intéressés faire bon accueil à ce travail*
*assurément modeste, susceptible néanmoins d'épargner leur*
*temps et de profiter à leurs rapports avec une administra-*
*tion dont la tâche n'est pas simplifiée par le défaut de*
*clarté et de mise au point de certaines lois fiscales.*

*Les personnes qui auraient besoin d'éclaircissements*
*peuvent toujours les demander au Contrôleur des Contribu-*
*tions directes de leur Département.*

*Les Services de la Chambre de Commerce de Nancy*
*se tiennent également, dans ce but, à la disposition de ses*
*ressortissants.*

Nancy, 5 août 1917.

# Sommaire



Pour l'entretien de la force publique et pour les dépenses d'administration, une contribution commune est indispensable ; elle doit être également répartie entre tous les citoyens, en raison de leurs facultés...

*(Déclaration des Droits de l'Homme et du Citoyen.)*

Les dispositifs actuels de l'Impôt sur le Revenu sont contenus dans deux lois principales :

La loi de finances du 15 juillet 1914, en ses articles 5 à 25, modifiée par la loi de finances du 30 décembre 1916, établissant l'*Impôt général sur le Revenu ;*

La loi du 31 juillet 1917 portant suppression de ce que l'on a appelé les « quatre vieilles » (contributions personnelle-mobilière, des portes et fenêtres et des patentes) et établissement d'un impôt sur diverses catégories de revenus ou *Impôts cédulaires.*

Ce sont ces textes que nous publions.

Le taux de l'impôt général, fixé primitivement à **2** %, a été porté à **10** % le 30 décembre 1916, puis, le 31 juillet 1917, à **12,50** %.

L'impôt général sur le Revenu se superpose aux impôts cédulaires.

# LOI

## portant fixation d'un Impôt général sur le Revenu

### *(15 juillet 1914 — 30 décembre 1916)*

### ARTICLE 5 [1]

Il est établi un impôt *général* sur le revenu.

### ARTICLE 6

L'impôt général sur le revenu est dû, au *1ᵉʳ janvier* de chaque année, par toutes les personnes ayant en France une *résidence habituelle.*

Sont considérées comme ayant en France une résidence habituelle, les personnes qui y possèdent une habitation à leur disposition à titre de propriétaires, d'usufruitiers ou

---

(1) Les autres articles ne concernent pas l'Impôt sur le Revenu.

de locataires, lorsque, dans ce dernier cas, la location est conclue soit par convention unique, soit par conventions successives, pour une période continue d'au moins une année.

## ARTICLE 7

Si le contribuable a une résidence unique, l'impôt est établi au lieu de cette résidence.

Si le contribuable possède plusieurs résidences, il est assujetti à l'impôt au lieu où il est réputé posséder son principal établissement.

## ARTICLE 8

Chaque chef de famille est *imposable* tant en raison de ses *revenus personnels* que de *ceux de sa femme et des autres membres de la famille* qui habitent avec lui.

Toutefois, les contribuables peuvent réclamer des *impositions distinctes* :

1° Lorsqu'une femme séparée de biens ne vit pas avec son mari ;

2° Lorsque les enfants ou autres membres de la famille, sauf le conjoint, tirent un revenu de leur propre travail ou d'une fortune indépendante de celle du chef de famille.

## ARTICLE 9

Sont affranchis de l'impôt :

1° Les personnes dont le revenu imposable n'excède pas la somme de *3.000 francs*, majorée, s'il y a lieu, conformément à l'article 12 ci-après ;

2° Les ambassadeurs et autres agents diplomatiques étrangers, ainsi que les consuls et agents consulaires de nationalité étrangère, mais seulement dans la mesure où les pays qu'ils représentent concèdent des avantages analogues aux agents diplomatiques et consulaires français.

## ARTICLE 10

L'impôt est établi d'après le montant total du *revenu net annuel* dont dispose chaque contribuable. Ce revenu net est déterminé, eu égard aux propriétés et aux capitaux que possède ce contribuable, aux professions qu'il exerce, aux traitements, salaires, pensions et rentes viagères dont il jouit, ainsi qu'aux bénéfices de toutes occupations lucratives auxquelles il se livre, *sous déduction :*

1° Des intérêts des emprunts et dettes à sa charge;

2° Des arrérages des rentes payées par lui à titre obligatoire;

3° Des autres impôts directs acquittés par lui;

4° Des pertes résultant d'un déficit d'exploitation dans une entreprise agricole, commerciale ou industrielle.

Le revenu imposable correspondant aux diverses sources de revenus énumérées ci-dessus est déterminé chaque année d'après leur produit respectif pendant la *précédente année.*

## ARTICLE 11

En ce qui concerne les personnes non domiciliées en France, mais y possédant une ou plusieurs résidences, le revenu imposable est fixé à une somme égale à sept fois la valeur locative de cette ou de ces résidences, à moins que les revenus tirés par le contribuable de propriétés, exploitations ou professions, sises ou exercées en France n'atteignent un chiffre plus élevé, auquel cas ce dernier chiffre sert de base à l'impôt.

## ARTICLE 12

Les *contribuables mariés* ont droit, sur leur revenu annuel, à une *déduction de 2.000 francs.*

En outre, tout contribuable a droit sur son revenu

annuel à une *déduction de 1.000 francs par personne* à sa charge, si le nombre des personnes à sa charge ne dépasse pas cinq.

Pour chaque personne *au delà de la cinquième*, la déduction sera portée à *1.500 francs*.

### ARTICLE 13

Sont considérés comme personnes à la charge du contribuable, à la condition de n'avoir pas de revenus distincts de ceux qui servent de base à l'imposition de ce dernier :

1° Les ascendants âgés de plus de soixante-dix ans ou infirmes ;

2° Les descendants ou enfants par lui recueillis, s'ils sont âgés de moins de vingt et un ans ou s'ils sont infirmes.

### ARTICLE 14

Chaque contribuable est taxé seulement sur la portion de son revenu qui, après application des dispositions de l'article 12, dépasse la somme de *3.000 francs*.

### ARTICLE 15

L'impôt est calculé en comptant pour :

| | | | | | | |
|---|---|---|---|---|---|---|
| 1 dixième | la fraction du revenu imposable comprise entre | | | 3,000 | et | 8,000 fr. |
| 2 dixièmes | — | — | — | 8,000 | et | 12,000 — |
| 3 — | — | — | — | 12,000 | et | 16,000 — |
| 4 — | — | — | — | 16,000 | et | 20,000 — |
| 5 — | — | — | — | 20,000 | et | 40,000 — |
| 6 — | — | — | — | 40,000 | et | 60,000 — |
| 7 — | — | — | — | 60,000 | et | 80,000 — |
| 8 — | — | — | — | 80,000 | et | 100,000 — |
| 9 — | — | — | — | 100.000 | et | 150,000 — |

pour l'intégralité, le surplus du revenu, et en appliquant au chiffre ainsi obtenu le taux de *10 %*.

Sur l'impôt ainsi calculé, chaque contribuable a droit à une *réduction* de *5 %* pour *une personne* à sa charge.

de *10* % pour *deux personnes*, de *20* % pour *trois personnes* et ainsi de suite, chaque personne au delà de la troisième donnant droit à une *nouvelle réduction de 10* %, sans que la réduction puisse être, au total, supérieure à la moitié de l'impôt.

Exemples :

**1.** — Un contribuable — célibataire — a un revenu de **6.000** fr. par an. — Il paiera :

$$\frac{5.000 - 3.000}{10} \times \frac{12.50}{100} = \textbf{25 fr. 00}$$

**2.** — Pour un revenu de **25.000** fr., il paiera :

$$\frac{8.000 - 3.000}{10} + \frac{12.000 - 8.000 \times 2}{10} + \frac{16.000 - 12.000 \times 3}{10}$$

$$+ \frac{20.000 - 16.000 \times 4}{10} + \frac{25.000 - 20.000 \times 5}{10}$$

$$\frac{6.600 \times 12.50}{100} = \textbf{825 fr.}$$

Pour un revenu de **250.000** francs, il paiera :

$$\frac{8.000 - 3.000}{10} + \frac{12\ 000 - 8.000 \times 2}{10} + \frac{16.000 - 12.000 \times 3}{10}$$

$$+ \frac{20.000 - 16.000 \times 4}{10} + \frac{40.000 - 20.000 \times 5}{10}$$

$$+ \frac{60.000 - 40.000 \times 6}{10} + \frac{80.000 - 60.000 \times 7}{10}$$

$$+ \frac{100.000 - 80.000 \times 8}{10} + \frac{150.000 - 100.000 \times 9}{10}$$

$$+ \frac{100\ 000 = 201.100 \times 12.50}{100} = \textbf{25.137 fr. 50}$$

**3.** — Un contribuable marié, ayant trois enfants mineurs et un revenu de **10.000** fr. par an, paiera :

Déduction : $10.000 - (3.000 + 2.000 + 3.000) = 2.000$

$$\text{Impôt : } \frac{2.000}{10} \times \frac{12.50}{100} = \textbf{25 fr. 00}$$

$$\text{Réduction par personne à sa charge : } 25 - \frac{25 \times 20}{100} = \textbf{20 fr. 00}$$

**4.** — Un contribuable marié, ayant 6 enfants mineurs, un père âgé de 72 ans, et disposant de **30.000** francs de revenu, paiera :

Déduction :

pour sa femme. . . . . . . . . . . . . . . . . . . . .  2.000
pour 5 personnes à sa charge . . . . . . . . . . .  5.000
pour 2 personnes au-de là de 5. . . . . . . . . . .  3.000
_________
10.000

De 30.000 reste 20.000

$$\text{Impôt} : \frac{8.000 - 3.000}{10} + \frac{12.000 - 8.000 \times 2}{10}$$

$$+ \frac{16.000 - 12.000 \times 3}{10} + \frac{20.000 - 16.000 \times 4}{10}$$

$$= 4.100 \times \frac{12.50}{100} = 612 \text{ fr. } 50$$

Réduction par personne à charge (maximum 50 %) :

$$\text{Impôt net} : \frac{612\ 50}{2} = 306 \text{ fr. } 25$$

## ARTICLE 16

Les contribuables passibles de l'impôt sont *tenus* de souscrire une *déclaration* de leur revenu, avec l'indication, par nature de revenus, des éléments qui le composent.

Ils fournissent, dans leur déclaration, toutes indications nécessaires au sujet de leurs charges de famille.

Ils doivent, en outre, pour avoir droit au bénéfice des déductions prévues à l'article 10, indiquer dans leur déclaration le chiffre et la nature des dettes et pertes qu'ils ont déduites de leur revenu global en vertu de l'article 10.

Les déclarations sont rédigées sur ou d'après des formules dont la teneur sera fixée par un règlement d'administration publique.

Elles sont reçues dans les *deux premiers mois* de chaque année.

Le contribuable qui ne renouvelle pas sa déclaration est

considéré comme ayant maintenu sa déclaration précédente.

Les déclarations dûment signées sont remises ou adressées au contrôleur des contributions directes qui en délivre
récépissé.

## ARTICLE 17

Le contrôleur vérifie les déclarations. Il peut demander
au contribuable des éclaircissements. Il a le droit de rectifier les déclarations; mais, dans ce cas, il adresse au contribuable, avant d'établir la matrice du rôle, l'indication
des éléments qui serviront de base à son imposition,
l'invite à se faire entendre ou à faire parvenir son accep-
tation ou ses observations et à fournir, s'il y a lieu, les
justifications utiles au sujet des déductions qu'il demande
par application des articles 10, 12 et 15. Si le désaccord
persiste, le contribuable conserve le droit de réclamer par
la voie contentieuse, après la publication du rôle.

Lorsqu'une insuffisance du revenu déclaré aura été
constatée par l'administration après l'établissement du
rôle, la cotisation correspondant à cette insuffisance pourra
être réclamée au contribuable soit dans l'année même, soit
au cours des cinq années suivantes.

Si une réclamation est introduite, le tribunal saisi du
litige apprécie les motifs invoqués par l'administration et
par le contribuable et fixe la base d'imposition, la charge
de la preuve incombant à l'administration.

## ARTICLE 18

Le montant de l'impôt sera majoré de 10 % pour le contribuable qui n'aura pas souscrit de déclaration dans le
délai prévu par l'article 16.

Dans le cas où le contribuable n'a déclaré qu'un revenu
insuffisant, il est tenu de verser, en sus des droits affé-

rents au montant réel de son revenu imposable, une somme égale à la partie de ces droits correspondant au revenu non déclaré. Toutefois le droit en sus n'est applicable que si l'insuffisance constatée est supérieure au dixième du revenu imposable.

### Article 19

Tout contribuable qui s'est abstenu de faire sa déclaration ou de répondre à la demande d'éclaircissements du contrôleur est taxé d'office.

En cas de désaccord avec l'administration, le contribuable taxé d'office ne peut obtenir, par la voie contentieuse, la décharge ou la réduction de cotisation qui lui a été assignée qu'en apportant toutes les justifications de nature à faire la preuve du chiffre exact de son revenu, et il supporte la totalité des frais de l'instance, y compris ceux d'expertise. Toutefois, au cas où son revenu, établi par la juridiction compétente, ne serait pas supérieur de plus de 10 % au chiffre du revenu produit par lui, ces frais incombent à l'Etat.

### Article 20

En cas d'absence ou d'insuffisance de déclaration ou de taxation constatée à l'ouverture d'une succession, le Trésor opérera le recouvrement des impôts non perçus, majorés comme il est dit à l'article 18.

### Article 21

Les rôles de l'impôt général sur le revenu sont établis et le recouvrement en est poursuivi comme en matière de contributions directes.

En cas de déménagement du contribuable hors du ressort de la perception, comme en cas de vente volontaire ou forcée, l'impôt est immédiatement exigible pour la totalité de l'année courante.

## ARTICLE 22

Les réclamations relatives à l'impôt général sur le revenu sont présentées, instruites et jugées comme en matière de contributions directes.

Toutefois, ces réclamations sont jugées et les décisions prononcées en audience non publique.

## ARTICLE 23

Tous avis et communications échangés entre les agents de l'administration ou adressés par eux aux contribuables et concernant l'impôt sur le revenu doivent être transmis sous enveloppe fermée.

Les franchises postales et les taux spéciaux d'affranchissement reconnus nécessaires seront concédés ou fixés par décret.

Est tenue au secret professionnel, dans les termes de l'article 378 du Code pénal, et passible des peines prévues audit article, toute personne appelée, à l'occasion de ses fonctions ou attributions, à intervenir dans l'établissement, la perception ou le contentieux de l'impôt.

## ARTICLE 24

Les contribuables ne sont autorisés à se faire délivrer des extraits des rôles de l'impôt général sur le revenu, suivant les dispositions législatives ou réglementaires applicables aux contributions directes, qu'en ce qui concerne leurs propres cotisations.

## ARTICLE 25

Un règlement d'administration publique fixera les mesures d'exécution nécessaires pour l'application des dispositions des articles 5 à 24 de la présente loi.

# LOI

## portant suppression des Contributions personnelle-mobilière, des Portes et Fenêtres et des Patentes et établissement d'un Impôt sur diverses catégories de revenus

### (*31 juillet 1917*)

Le Sénat et la Chambre des Députés ont adopté,

Le Président de la République promulgue la loi dont la teneur suit :

### ARTICLE PREMIER

Cesseront d'être perçus, *à partir du 1er janvier 1918*, les principaux des *contributions personnelle-mobilière*, des *portes et fenêtres* et des *patentes*, ainsi que les centimes additionnels calculés sur ces principaux, établis au profit de l'Etat.

### TITRE PREMIER

## Impôt sur les Bénéfices industriels et commerciaux.

### ARTICLE 2

*Il est établi un impôt annuel sur les bénéfices des professions commerciales et industrielles réalisés pendant l'année précédente ou dans la période de douze mois dont les résultats auront servi à l'établissement du dernier bilan, lorsque cette période ne coïncide pas avec l'année civile.*

## ARTICLE 3

La taxe est établie au nom de chaque exploitant, pour *l'ensemble de ses entreprises exploitées en France*, au siège de la direction des entreprises ou, à défaut, au lieu du principal établissement.

## ARTICLE 4

*Sont imposés sur leur bénéfice net, après déduction de toutes charges,* y compris la valeur locative des immeubles affectés à l'exploitation et les amortissements généralement admis d'après les usages de chaque nature d'industrie ou de commerce, *les sociétés* dont les bilans sont obligatoirement communiqués à l'administration de l'Enregistrement, *les contribuables* qui auront déjà déclaré le chiffre de leurs *bénéfices réels*, en vue de l'assiette de la contribution extraordinaire sur les bénéfices supplémentaires réalisés pendant la guerre, tant qu'ils seront assujettis à cette contribution, ainsi que *les personnes ou sociétés* qui auront, *avant le 1ᵉʳ avril* de chaque année, remis au contrôleur des contributions directes un résumé de leur *compte de profits et pertes* de l'année précédente, en prenant l'engagement de fournir à l'appui, s'il y a lieu, *toutes justifications nécessaires.*

## ARTICLE 5

Pour établir l'imposition des contribuables visés à l'article précédent, le contrôleur peut demander aux intéressés tous les renseignements dont il a besoin. Il entend les intéressés dont l'audition lui paraît utile ou qui demandent à fournir des explications orales.

Il fixe les bases de l'imposition, sauf recours des intéressés, après l'émission des rôles, par la voie contentieuse.

## ARTICLE 6

*A défaut* des communications prévues à l'article 4, *le bénéfice est évalué par application au chiffre d'affaires de coefficients appropriés.*

Une *commission*, constituée comme il est dit à l'article 8, déterminera les *coefficients* applicables aux diverses *catégories de contribuables*. Elle procédera tous les trois ans à leur revision et décidera des modifications ou additions qui seraient reconnues nécessaires dans l'intervalle.

## ARTICLE 7

En vue de la détermination des coefficients prévus à l'article précédent, il peut être établi, pour chaque nature de profession, plusieurs catégories, suivant l'importance du chiffre d'affaires et tous autres éléments susceptibles d'influer sur la productivité.

Dans chaque catégorie ainsi déterminée, il est fixé : soit un coefficient unique, soit un coefficient maximum et un coefficient minimum. Dans ce dernier cas, le contrôleur aura la latitude de déterminer, suivant les éléments d'appréciation à sa disposition, le coefficent applicable à chaque contribuable, dans les limites du maximum et du minimum correspondants.

## ARTICLE 8

La commission prévue à l'article 6 sera instituée par décret rendu sur la proposition du ministre des Finances.

Un cinquième de ses membres sera nommé sur la présentation *des présidents des Chambres de commerce*; un autre cinquième le sera sur la présentation *des organisations syndicales* des divers *commerces et industries* ou, à défaut, pour ces deux catégories, sur la présentation du ministre du Commerce et de l'Industrie.

La commission sera présidée par un conseiller d'Etat.

Elle pourra consulter toute personne ayant une compétence technique.

## ARTICLE 9

*Les personnes et sociétés assujetties* à l'impôt *doivent*, si elles en sont requises par une lettre recommandée du contrôleur des contributions directes, *faire connaître par écrit*, dans un délai de vingt jours, à dater de la réception de ladite lettre, *le montant de leur chiffre d'affaires* pendant l'année précédente et *fournir* à cet égard toutes *justifications nécessaires.*

*En cas de refus* du contribuable, le contrôleur procède à *l'évaluation d'office* du chiffre d'affaires; *l'impôt est alors majoré de moitié.*

## ARTICLE 10

Au moyen des renseignements recueillis et des constatations effectuées, s'il y a lieu, conformément à l'article précédent, le contrôleur procède à l'évaluation provisoire des revenus imposables en appliquant au chiffre d'affaires un coefficient déterminé dans les conditions indiquées à l'article 7.

Toutefois, lorsque le contrôleur est en mesure d'établir que le rapport du bénéfice net réel au chiffre d'affaires est supérieur au coefficient unique ou au coefficient maximum fixé par la commission, il peut faire emploi d'un coefficient plus élevé, à charge pour lui d'apporter en cas de contestation les justifications nécessaires.

*Le contrôleur communique* aux intéressés *l'évaluation provisoire*, en les avisant qu'un délai de *vingt jours* leur est accordé pour présenter leurs *observations* par écrit ou verbalement *au sujet de cette évaluation.*

Dans le cas où le contribuable juge que son bénéfice imposable doit être calculé à l'aide d'un coefficient inférieur au coefficient unique ou au coefficient minimum fixé par la commission, il a la *faculté d'indiquer le coefficient qu'il estime devoir être adopté* et d'en demander l'application, à condition de fournir les justifications nécessaires.

A la suite des observations présentées ou à l'expiration du délai de vingt jours prévu ci-dessus, le contrôleur arrête définitivement les bases d'imposition, sans préjudice pour les intéressés du droit de réclamer par la voie contentieuse, après l'émission du rôle.

## ARTICLE 11

*En cas d'inexactitude reconnue* dans les renseignements communiqués conformément aux articles 4, 9 et 10, *l'impôt* est *doublé* sur la portion du bénéfice dissimulée, à condition que l'insuffisance constatée soit supérieure au dixième ou qu'elle excède 20.000 francs.

Si l'insuffisance est reconnue après l'établissement du rôle, un supplément de cotisation peut être réclamé, soit dans l'année même de l'imposition, soit au cours des *cinq années suivantes*.

## ARTICLE 12

*Pour le calcul de l'impôt, la portion du bénéfice n'excédant pas 1.500 francs est comptée pour un quart; la fraction comprise entre 1.500 et 5.000 francs pour un demi; le surplus pour la totalité.*

*Le taux de l'impôt est fixé à 4,50 %.*

### EXEMPLES :

**5.** — Pour un bénéfice industriel ou commercial net de **1.000** francs, le contribuable paiera :

$$\frac{1.000}{4} \times \frac{4.50}{100} = \textbf{11.25}$$

**6.** — Pour un bénéfice net de **10.000** francs, il paiera :

$$\left(\frac{1.500}{4} + \frac{5.000 - 1.500}{2} + 5.000\right) \times \frac{4\ 50}{100} = 320,62$$

**7.** — Pour un bénéfice net de **100.000** francs, il paiera :

$$\left(\frac{1.500}{4} + \frac{5.000 - 1.500}{2} + 95.000\right) \times \frac{4.50}{100} = 4.370,62$$

**8.** — Pour un bénéfice net de **1.000.000** de francs, il paiera :

$$\left(\frac{1.500}{4} + \frac{5.000 - 1.500}{2} + 995.000\right) + \frac{4.50}{100} = 44.870,62$$

**Nota.** — Pour un bénéfice net supérieur à 5.000 francs, un procédé de calcul rapide consiste à appliquer la taxe de 4.50 °/₀ au bénéfice total et à retrancher du résultat la somme de **129 fr. 38**.

Le commerçant et l'industriel ayant des charges de famille a droit, sur le résultat du calcul ci-dessus, aux réductions prévues à l'art. 52. *(Voir plus loin.)*

**9.** — Un commerçant, marié ou non, qui a 3 enfants et qui a réalisé un bénéfice net de **10.000** francs, paiera :

320 fr. 62 *(exemple n° 6)*, moins 20 °/₀ = **256** fr. **50**

## ARTICLE 13

Ne sont assujettis à l'impôt sur les bénéfices des professions industrielles et commerciales que sur la portion de ces bénéfices dépassant 1.500 francs :

Les ouvriers travaillant chez eux ou chez les particuliers sans compagnons ni apprentis, soit qu'ils travaillent à façon, soit qu'ils travaillent pour leur compte avec des matières à eux appartenant, qu'ils aient ou non une enseigne ou une boutique ;

Les ouvriers travaillant en chambre avec un apprenti de moins de seize ans ;

La veuve qui continue, avec l'aide d'un seul ouvrier ou d'un seul apprenti, la profession précédemment exercée par son mari ;

Les personnes qui vendent en ambulance dans les rues, dans les lieux de passage et dans les marchés, des marchandises de faible valeur ou de menus comestibles ;

Les pêcheurs, lors même que la barque qu'ils montent leur appartient.

Ne sont point considérés comme compagnons ou apprentis la femme travaillant avec son mari, ni les enfants non mariés travaillant avec leurs père et mère, ni le simple manœuvre dont le concours est indispensable à l'exercice de la profession.

### ARTICLE 14

Indépendamment de l'impôt sur les bénéfices des professions industrielles et commerciales, tel qu'il est organisé par les articles précédents, il est établi une *taxe spéciale sur le chiffre d'affaires* réalisé par les *entreprises* ayant pour objet principal la *vente au détail de denrées ou marchandises, lorsque ce chiffre d'affaires dépasse 1 million de francs,* déduction faite du montant des exportations à l'étranger, en Algérie, aux colonies et pays de protectorat.

Le *taux de l'impôt* est fixé conformément au tarif suivant :

```
1 0/00 sur la fraction du chiffre d'aff. comprise entre     1.000.000 et    2 mill. de fr.
2 0/00           —            —            —            2.000.001 et   10    —
3 0/00           —            —            —           10.000 001 et  100    —
4 0/00           —            —            —          100.000.001 et  200    —
5 0/00 sur la fraction du chiffre d'affaires au-dessus de 200.000.000 de fr.
```

Les contribuables visés par le présent article sont *tenus* de faire annuellement, dans les *trois premiers mois* de chaque année, *la déclaration du chiffre total* de leurs affaires pendant l'année précédente et de présenter à l'appui de cette déclaration *toutes les justifications nécessaires* pour en établir l'exactitude.

Est applicable, en cas d'omission de déclaration et de déclaration inexacte, la sanction édictée par l'article 9, deuxième alinéa, de la présente loi.

Pour les *maisons à succursales multiples* rentrant dans

la catégorie des entreprises visées par le présent article, le chiffre d'affaires sur lequel s'établira la taxe spéciale sera le *chiffre global des affaires réalisées par toutes les succursales installées*, soit dans la ville du siège principal, soit dans des villes différentes.

Exemple :

**10**. — Une maison de commerce faisant un chiffre d'affaires total, dans ses divers établissements, de **25 millions de francs**, dont **5** millions à l'**exportation**, paiera, en outre de l'impôt sur son **bénéfice net**, une taxe déterminée comme suit :

```
    Pour  1 million à 1 %₀   1.000 fr.
     —    8     —      2 %₀  16.000 fr.
     —   10     —      3 %₀  30.000 fr.
Ensemble : 19 millions      47.000 fr.,
```

le premier million du total et les cinq millions à l'exportation étant exonérés.

## Article 15

Les *sociétés coopératives de consommation*, lorsqu'elles possèdent des établissements, boutiques ou magasins pour la vente ou la livraison de denrées, produits ou marchandises, sont *passibles de l'impôt sur les bénéfices des professions commerciales et industrielles*, à *l'exception* de la *taxe spéciale* établie par l'article 14.

Toutefois, *en sont affranchis les syndicats agricoles et les sociétés coopératives de consommation* qui se bornent *à grouper les commandes* de leurs adhérents et à distribuer dans leurs magasins de dépôt les denrées, produits ou marchandises qui ont fait l'objet de ces commandes, ou lorsque, ne vendant qu'à leurs sociétaires, ils *distribuent leurs bonis annuels* auxdits sociétaires ou à des œuvres d'intérêt général, ou lorsqu'ils consacrent ces bonis à des réserves qui ne sont pas réparties entre les porteurs d'actions.

# TITRE II

## Impôt sur les Bénéfices de l'Exploitation agricole.

### ARTICLE 16

*Un impôt annuel est établi sur les bénéfices de l'exploitation agricole.*

### ARTICLE 17

Le *bénéfice* provenant de l'exploitation agricole est considéré, pour l'assiette de l'impôt, comme *égal à la moitié de la valeur locative des terres exploitées.*

Toutefois, si le bénéfice réel de l'exploitation pendant l'année antérieure à celle de l'imposition n'a pas atteint le chiffre pris pour base d'imposition, l'exploitant peut, en apportant les justifications nécessaires, obtenir une *réduction proportionnelle* de l'impôt par voie de réclamation après l'établissement du rôle.

### ARTICLE 18

Sur le montant du revenu de l'exploitation agricole calculé ainsi qu'il est dit à l'article précédent, et *lorsque la valeur locative réelle de l'exploitation n'excède pas 12.000 francs, l'exploitant n'est taxé que sur la fraction supérieure à 1.250 francs.*

Il a droit à une *déduction* :

De *2/3* sur la fraction comprise entre *1.251 et 2.000 fr.*

Et de *1/3* sur la fraction comprise entre *2.001 et 3.000 francs.*

Le taux de l'impôt est fixé à *3,75 %.*

#### EXEMPLES :

**11.** — Une exploitation agricole, dont la valeur locative est de 2.000 francs, ne sera pas taxée, le revenu égal à la moitié de cette valeur, soit **1.000 francs**, étant inférieur à 1.250 francs.

**12.** — Une exploitation agricole de 3.000 francs de valeur locative sera taxée sur un revenu de **1.500** francs, égal à la moitié de cette valeur, comme suit :

Sur 1.250 francs : rien ;

Des 250 francs restant. on retient 1/3, soit 83 fr. 33 à 3.75 % = **3 fr. 12.**

**13.** — Une exploitation agricole de 10.000 francs de valeur locative sera taxée sur un revenu de **5.000** francs, comme suit :

Sur 1.250 francs : rien ;

| | | |
|---|---|---|
| De 1.251 à 2.000, soit 750, on retient 1/3 ou.... | 250 | » |
| De 2.001 à 3.000, soit 1.000 — 2/3 ou .... | 666 | 66 |
| De 3.000 à 5.000, on retient tout................ | 2.000 | » |
| Somme nette à taxer....... | 2.916 | » |

$$\text{Impôt} : 2.916\ 66 + \frac{3.75}{100} = 109 \text{ fr. } 38$$

**14.** — Une exploitation agricole de 20.000 francs de valeur locative sera taxée sur un revenu de **10.000** francs, comme suit :
(Ici, il faut faire des hypothèses, le texte manquant de précision.)
Pas d'atténuation à la base.

| | | |
|---|---|---|
| De 2.000 francs on retient 1/3 ou . .............. | 666 | 66 |
| De 2.001 à 3.000, soit **1.000**, on retient 2/3 ou . | 666 | 66 |
| De 3.000 à 10.000 on retient tout ............. | 7.000 | » |
| Somme nette à taxer....... | 8.333 | 32 |

$$\text{Impôt} : 8.333\ 32 = \frac{3.75}{100} + 312 \text{ fr. } 50$$

Les réductions pour charges de famille sont applicables à ces divers cas.

**15.** — Ainsi, un agriculteur, marié ou non, exploitant une ferme de 10.000 francs de valeur locative, avec cinq enfants de moins de 21 ans et un père de 75 ans, soit six personnes à sa charge, paiera :

109 fr. 38 *(exemple n° 13)*, moins 50 % = **54 fr. 69.**

## ARTICLE 19

L'impôt est établi au nom des exploitants, dans la *commune* où ils ont leur *habitation principale au 1ᵉʳ janvier de l'année de l'imposition* et d'après la consistance de leurs exploitations à la même date.

### ARTICLE 20

Les rôles de l'impôt sur les bénéfices de l'exploitation agricole sont établis et le recouvrement en est poursuivi comme en matière de contributions directes.

*En cas de déménagement* du contribuable hors du ressort de la perception, comme en cas de vente volontaire ou forcée, *l'impôt est immédiatement exigible* pour la totalité de l'année courante.

### ARTICLE 21

Les réclamations relatives à l'impôt sur les bénéfices de l'exploitation agricole sont présentées, instruites et jugées comme en matière de contributions directes.

Toutefois, les réclamations présentées par application du deuxième paragraphe de l'article 17 ci-dessus sont jugées et les décisions prononcées en audience non publique ; en outre, les avis et communications qui s'y rapportent sont transmis dans les conditions prévues par l'article 23 de la loi du 15 juillet 1914 en ce qui concerne l'impôt général sur le revenu.

### ARTICLE 22

*Les pacs, jardins, avenues, pièces d'eau,* et tous les terrains réservés au pur *agrément* ou spécialement aménagés en vue de la *chasse* sont assujettis à l'impôt sur les bénéfices de l'exploitation agricole à raison d'un revenu déterminé suivant le mode indiqué au premier paragraphe de l'article 17.

*L'impôt est calculé sur la totalité de ce revenu,* sans déduction ni atténuation d'aucune sorte.

Sont *exemptes* de la taxe les personnes ayant la jouissance de terrains d'agrément dont la *superficie n'excède pas un hectare* et dont le revenu imposable n'est *pas supérieur à 100 francs.*

Exemples :

**16**. — Les propriétés d'agrément dont la superficie dépasse un hectare et le revenu imposable 100 francs, ne jouissant d'aucune atténuation ni déduction, une propriété de 2.000 francs de valeur locative sera taxée sur un revenu de 1.000 francs à 3.75 °/₀, impôt : 37 fr. 50.

**17**. — Une propriété dont la valeur locative est de 20.000 franc paiera sur **10.000** francs à 3.75 °/₀ : **375** francs.

**18**. — Une propriété dont la valeur locative est de 100.000 francs paiera sur **50.000** francs à 3.75 °/₀ : **18.750** francs.

TITRE III

## Impôt sur les Traitements publics et privés, les Indemnités et Émoluments, les Salaires, les Pensions et les Rentes viagères.

ARTICLE 23

*Les revenus provenant des traitements publics et privés, des indemnités et émoluments, des salaires ; les pensions et les rentes viagères sont assujettis à un impôt portant sur la partie de leur montant annuel qui dépasse*, savoir :

*1° Pour les pensions et rentes viagères, la somme de 1.250 francs ;*

*2° Pour les traitements, indemnités, émoluments et salaires, la somme de :*

*1.500 francs*, si le contribuable est domicilié dans une *commune de moins de 10.001 habitants ;*

*2.000 francs*, si le contribuable est domicilié dans une *commune de 10.001 à 100.000 habitants ;*

*2.500 francs*, si le contribuable est domicilié dans une *commune de plus de 100.000 habitants ;*

*3.000 francs*, si le contribuable est domicilié à *Paris*, dans le département *de la Seine* et dans les communes de la banlieue dans un *rayon de 25 kilomètres* des fortifications de Paris.

En outre, pour le calcul de l'impôt, *la fraction du revenu* imposable *comprise entre le minimum exonéré et la somme de 5.000 francs est comptée* seulement *pour moitié.*

*Le taux de l'impôt est fixé à 3 fr. 75 %.*

Exemples :

**19**. —Un employé ou un ouvrier gagnant 150 francs par mois ou **1.800** francs par an et recevant **150** francs de gratification annuelle ne paiera pas l'impôt s'il habite une commune de moins de 100.000 habitants comme Lunéville. S'il habite une commune de moins de 10.000 habitants, comme Mirecourt, il paiera :

$$\frac{1.950 - 1.500}{2} \times \frac{3.75}{100} = 8 \text{ fr. } 44$$

**20**. — Un contremaître de manufacture à Nancy, ville de plus de 100.000 habitants, gagnant 350 francs par mois (4.200 francs par an), recevant en prime de fabrication 1.500 francs par an, jouissant gratuitement d'un logement dont la valeur locative annuelle est de 1.000 francs, sera considéré comme ayant un revenu total professionnel de 4.200 + 1.500 + 1.000 = **6,700** francs, le contremaître paiera : sur 2.500 francs, rien ;

$$\left(\frac{5.000 - 2.500}{2} + 1.700\right) \times \frac{3.75}{100} = 110 \text{ fr. } 62$$

**21**. — Le directeur d'une affaire commerciale ou industrielle à Nancy recevant un traitement de 18.000 francs et une part de bénéfices de 15.000, soit ensemble **33.000** francs, paiera

$$\left(\frac{5.000 - 2.500}{2} + 28.000\right) \times \frac{3.75}{100} = 1.096 \text{ fr. } 87$$

**22.** — Un haut fonctionnaire, ayant 20.000 francs de traitement et recevant 5.000 francs d'indemnités de logement, ensemble **25.000** francs. paiera à Dijon, ville de 10 000 à 100.000 habitants :

$$\left(\frac{5.000 - 2.000}{2} + 20.000\right) + \frac{3.75}{100} = 806 \text{ fr. } 25$$

Article 24

Pour la détermination des bases d'imposition, il est tenu compte du *montant net réel des traitements, indemnités et émoluments, salaires, pensions et rentes viagères,* ainsi que de *tous les avantages en argent ou en nature accordés* aux intéressés *en sus des traitements, indemnités, émoluments, salaires, pensions et rentes viagères proprement dits.*

ARTICLE 25

L'impôt est *dû chaque année* à raison des traitements, indemnités et émoluments, salaires, pensions et rentes viagères dont les intéressés ont bénéficié *au cours de l'année précédente.*

Il est établi au nom des bénéficiaires *dans la commune où ils sont domiciliés au 1ᵉʳ janvier de l'année de l'imposition.*

ARTICLE 26

*Tous particuliers et toutes sociétés ou associations* occupant des employés, commis, ouvriers ou auxiliaires, moyennant traitement, salaire ou rétribution, *sont tenus de remettre, dans le courant du mois de janvier de chaque année,* au contrôleur des contributions directes, *un état* indiquant :

1° *Les noms et adresses des personnes* qu'ils ont *occupées au cours de l'année précédente;*

2° *Le montant des traitements, salaires et rétributions payés à chacune d'elles pendant ladite année;*

3° La période à laquelle s'appliquent ces paiements lorsqu'elle est inférieure à une année, mais supérieure à trente jours consécutifs.

La disposition qui précède n'est toutefois applicable qu'en ce qui concerne les personnes dont les traitements, salaires ou rétributions, calculés conformément aux prescriptions de la présente loi et ramenés à l'année, dépassent le minimum assujetti à l'impôt.

## ARTICLE 27

*Tous particuliers et toutes sociétés ou associations payant des pensions ou rentes viagères* sont *tenus*, dans les conditions prévues à l'article précédent, *de fournir les indications relatives aux titulaires de ces pensions ou rentes, lorsqu'elles dépassent 1.250 francs.*

## ARTICLE 28

A l'aide des renseignements fournis en exécution des dispositions qui précèdent et de tous autres qu'il peut recueillir, le contrôleur des contributions directes fixe les bases de cotisation, sans préjudice pour les intéressés du droit de les contester après l'établissement du rôle.

## ARTICLE 29

*Toute infraction* aux prescriptions des articles 26 et 27 ci-dessus donne lieu à l'application d'une amende de *cinq francs (5 fr.)* encourue autant de fois qu'il est relevé d'omissions ou d'inexactitudes dans les renseignements qui doivent être fournis en vertu de ces deux articles.

L'amende sera prononcée par le Conseil de préfecture, statuant comme en matière de contraventions sur requête présentée sans frais par le directeur des contributions directes.

La copie de la requête sera notifiée aux contrevenants par les soins du Conseil de préfecture.

La prescription ne sera acquise qu'après l'expiration de la quatrième année suivant celle au cours de laquelle l'infraction aura été commise.

L'amende sera recouvrée par le percepteur des contributions directes.

## TITRE IV

## Impôt sur les Bénéfices des Professions non commerciales.

### ARTICLE 30

Les bénéfices des *professions libérales, des charges et offices* dont les titulaires n'ont pas la qualité de commerçants et de toutes occupations ou exploitations lucratives non soumises à un impôt spécial sur le revenu sont assujettis à un impôt annuellement établi à raison *du bénéfice net* de l'année précédente constitué par l'excédent des recettes totales sur les dépenses nécessitées par l'exercice de la profession.

### ARTICLE 31

L'impôt ne porte que sur la partie du bénéfice net dépassant la somme de :

*1.500 francs*, si le contribuable est domicilié dans une commune de moins de *10.001 habitants;*

*2.000 francs*, si le contribuable est domicilié dans une commune de *10.001 à 100.000 habitants;*

*2.500 francs*, si le contribuable est domicilié dans une commune de plus de *100.000 habitants;*

*3.000 francs*, si le contribuable est domicilié à *Paris*, dans le département *de la Seine* et dans les communes de la banlieue dans un *rayon de 25 kilomètres* des fortifications de Paris.

En outre, pour le calcul de l'impôt, *la fraction du bénéfice net* comprise *entre le minimum exonéré et la somme de 5.000 francs* est *comptée* seulement *pour moitié.*

*Le taux de l'impôt est fixé à 3 fr. 75 %.*

Par dérogation aux dispositions qui précèdent, l'impôt est calculé, pour les charges et offices visés à l'article 30, dans les conditions et d'après le taux fixé par l'article 12 en ce qui concerne les professions commerciales.

EXEMPLES :

**23.** — Une dame professeur, qui reçoit dans un établissement d'enseignement une indemnité annuelle de 1.800 francs, auxquels s'ajoutent 1.500 francs de cachets, sera considérée comme ayant un revenu de **3 300** francs. Si elle exerce dans une ville de 10.000 à 100.000 habitants, elle paiera :

$$\frac{3\ 300 - 2.000}{2} \times \frac{3.75}{100} = \mathbf{24}\ \text{fr. } \mathbf{37}$$

**24.** — Un architecte, un artiste, un médecin, faisant un bénéfice net annuel de **18.000** francs, dans une ville de plus de 100.000 habitants, paiera :

$$\left(\frac{5.000 - 2.500}{2} + 13.000\right) \times \frac{3.75}{100} = \mathbf{534}\ \text{fr. } \mathbf{37}$$

NOTA. — Les réductions pour charges de famille s'appliquent aux exemples n°ˢ 19 et 25.

**25.** — Un notaire, quelle que soit la ville où il exerce, dont l'étude rapporte **25.000** francs par an, paiera (*voir article 12*) :

$$\left(\frac{1.500}{4} + \frac{5.000 - 1.500}{2} + 20.000\right) \times \frac{4.50}{100} = \mathbf{995}\ \text{fr. } \mathbf{62}$$

ARTICLE 32

*L'impôt est dû dans la commune* où le contribuable a son *domicile au 1ᵉʳ janvier de l'année de l'imposition.*

ARTICLE 33

*Toute personne* passible de l'impôt à raison de bénéfices réalisés dans l'exercice de l'une des *professions visées à l'article 30* est *tenue de produire dans les trois premiers mois de chaque année une déclaration du montant de ses bénéfices.*

ARTICLE 34

La déclaration est adressée au contrôleur des contributions directes du lieu du domicile du contribuable. Il en est délivré récépissé.

## ARTICLE 35

Le contrôleur prend pour base de l'impôt le chiffre du bénéfice déclaré, à moins qu'il ne le reconnaisse inexact. Dans ce dernier cas, il peut le rectifier, mais il fait alors connaître à l'intéressé, avant d'établir l'imposition, le chiffre qu'il se propose de substituer à celui de la déclaration, en indiquant les motifs qui lui paraissent justifier le redressement ; il invite en même temps l'intéressé à présenter, s'il y a lieu, ses observations par écrit ou verbalement, dans un délai de vingt jours. Si le désaccord persiste, le contribuable conserve le droit de contester après l'établissement du rôle le chiffre arrêté par le contrôleur. Le tribunal saisi du litige apprécie les motifs invoqués par l'administration et par le contribuable en tenant compte, s'il y a lieu, des obligations du secret professionnel et fixe la base d'imposition.

## ARTICLE 36

Tout contribuable astreint à la déclaration prévue par l'article 33, qui ne souscrit pas cette déclaration dans les trois premiers mois de l'année, est invité par le contrôleur à la produire dans un nouveau délai de vingt jours, passé lequel le bénéfice imposable est déterminé d'office, sauf réclamation du contribuable après l'établissement du rôle. Mais dans ce cas l'impôt est majoré de moitié.

## ARTICLE 37

En cas de déclaration reconnue inexacte, l'impôt est porté au double sur la portion du bénéfice dissimulée. Cette majoration n'est toutefois applicable que si l'insuffisance constatée est supérieure au dixième du bénéfice réel ou si elle excède 10.000 francs.

Si l'insuffisance est découverte après l'établissement du

rôle, un supplément de cotisation peut être réclamé au contribuable soit dans l'année même de l'imposition, soit au cours des cinq années suivantes.

## TITRE V

### Impôt sur les Revenus des Créances, Dépôts et Cautionnements.

#### ARTICLE 38

*L'impôt sur le revenu des capitaux mobiliers* établi par les articles 31 et suivants de la loi du 29 mars 1914, et dont le taux a été modifié par l'article 11 de la loi du 30 décembre 1916, *s'applique aux intérêts, arrérages et tous autres produits :*

1° *Des créances hypothécaires*, privilégiées et chirographaires, à l'exclusion de toute opération commerciale ne présentant pas le caractère juridique d'un prêt;

2° *Des dépôts de sommes d'argent*, à vue ou à échéance fixe, quel que soit le dépositaire et quelle que soit l'affectation du dépôt;

3° *Des cautionnements en numéraire.*

#### ARTICLE 39

Sont *affranchis* de l'impôt sur les capitaux mobiliers :

1° Les *intérêts* des sommes inscrites sur les *livrets des caisses d'épargne;*

2° Les intérêts des créances hypothécaires ou privilégiées en représentation desquelles les sociétés ou compagnies autorisées par le Gouvernement à faire des opérations de crédit foncier ont émis des obligations, titres ou valeurs soumis eux-mêmes à l'impôt sur le revenu.

## ARTICLE 40

L'impôt est liquidé sur le montant brut des intérêts, arrérages ou tous autres produits des valeurs désignées à l'article 38 ci-dessus.

Pour lesdites valeurs, la retenue de l'impôt est opérée *au moyen de l'apposition de timbres mobiles* sur la quittance ou tout autre écrit constatant le paiement ou l'inscription au crédit d'un compte des intérêts, arrérages ou tous autres produits.

Le *droit* est à la *charge exclusive du créancier*, nonobstant toute clause contraire, quelle qu'en soit la date; toutefois, le créancier et le débiteur en sont tenus solidairement.

Toute infraction aux dispositions du présent article sera punie d'une amende de cinquante francs (50 fr.) à la charge de chacun des contrevenants, indépendamment du paiement par le créancier d'une amende égale au quintuple des droits dont le Trésor a été privé pour chacune des années antérieures à celle de la découverte de l'infraction, sans toutefois que le droit de répétition puisse s'étendre à plus de dix années.

## ARTICLE 41

Le recouvrement de l'impôt sur le revenu des capitaux mobiliers sera assuré, et les instances seront introduites et jugées comme en matière d'enregistrement.

Les dispositions de l'article 21 de la loi du 26 juillet 1893 seront applicables aux actions respectives du Trésor et des redevables, sauf le cas prévu au dernier alinéa de l'article 40.

## ARTICLE 42

Le propriétaire d'un immeuble affecté par hypothèque,

prvilège ou antichrèse à la garantie d'une créance, a le droit d'obtenir, sur sa demande, le dégrèvement de l'impôt foncier (part de l'Etat) afférent à cet immeuble jusqu'à concurrence de la fraction de cet impôt frappant un revenu égal aux intérêts de ladite créance.

La demande en dégrèvement est présentée, instruite et jugée comme en matière de contributions directes. Elle doit être produite dans les trois mois de la date du paiement des intérêts et appuyée de la quittance ou de l'écrit libératoire dûment revêtu des timbres mobiles prévus par l'article 40.

Les intérêts des dettes chirographaires seront déduits des revenus du débiteur, à l'exception de ceux provenant des valeurs mobilières.

Pour obtenir le bénéfice de cette déduction, les contribuables devront en faire la demande et justifier que la dette existe réellement, que les intérêts de la dette alléguée ont été effectivement payés au créancier et qu'ils ont été frappés de l'impôt prévu par l'article 38.

La déduction est imputée d'abord sur les revenus de l'entreprise ou de l'exploitation pour les besoins de laquelle la dette aura été contractée. En cas d'insuffisance desdits revenus ou à défaut de justification concernant la cause de la dette, l'imputation est faite successivement sur les revenus des catégories taxées au taux le moins élevé.

Lorsque des valeurs mobilières ont été constituées en gage ou nantissement de créances, le débiteur peut obtenir le remboursement de l'impôt sur le revenu desdites valeurs, jusqu'à concurrence des droits perçus sur les intérêts de sa dette, et à la condition : 1° de présenter la demande et les justifications prévues par le quatrième paragraphe du présent article ; 2° de justifier que l'impôt sur le revenu des titres constitués en gage incombe au porteur de ces titres et a été payé par lui.

## ARTICLE 43

Un règlement d'administration publique déterminera les mesures d'exécution des articles compris sous le titre V de la présente loi.

## TITRE VI

### Centimes départementaux et communaux.

## ARTICLE 44

Jusqu'au vote d'une loi spéciale établissant des taxes nouvelles de remplacement, *les centimes départementaux et communaux portant sur les anciennes contributions personnelle-mobilière, des portes et fenêtres et des patentes continueront provisoirement* d'être établis et *perçus* d'après les règles précédemment en vigueur.

A cet effet, en ce qui concerne les contributions personnelle-mobilière et des portes et fenêtres, les conseils généraux et d'arrondissement répartiront, comme antérieurement, entre les arrondissements et les communes, pour servir de base au calcul du montant des centimes, les contingents en principal assignés aux départements *pour l'année 1917* et modifiés annuellement en raison des mouvements de la matière imposable.

De même, les répartiteurs fixeront le nombre d'ouvertures et les loyers d'habitation servant à déterminer la part de chaque imposable dans les impositions départementales et communales.

En ce qui concerne la *contribution des patentes*, les *bases individuelles* de cotisations continueront d'être établies annuellement par le contrôleur assisté du maire.

*En remplacement du prélèvement antérieurement effectué au profit des communes sur le principal de la contribution des patentes, huit centimes portant sur cette contribution seront,* chaque année, *ajoutés d'office* aux impositions votées par les conseils municipaux en vertu des lois en vigueur.

## ARTICLE 45

Le montant des dégrèvements prononcés à titre de décharge ou réduction sur les impositions additionnelles aux contributions personnelle-mobilière et des portes et fenêtres sera avancé par l'Etat et réimposé à son profit dans les rôles ultérieurs.

Les dégrèvements prononcés à titre de remise ou modération sur les mêmes impositions, ainsi que les dégrèvements de toute nature portant sur les impositions additionnelles à la contribution des patentes seront définitivement supportés par l'Etat qui, pour faire face à cette dépense, ainsi qu'aux frais d'assiette des impositions départementales et communales, percevra des centimes additionnels calculés sur le montant de ces impositions et dont le nombre sera fixé annuellement par la loi de finances. Cette loi fixera également le nombre des centimes à ajouter au montant des impositions communales pour couvrir les frais de perception desdites impositions.

## ARTICLE 46

*Le principal fictif de la contribution des patentes continuera provisoirement à servir de base au calcul :*

*De la taxe instituée par l'article 5 de la loi du 9 avril 1898 pour la constitution d'un fonds de garantie en matière d'accidents du travail;*

*De la contribution prévue par la loi du 25 novembre 1916*

*en vue de la constitution d'un fonds spécial de prévoyance
dit « des blessés de la guerre »;*

*Des taxes destinées à subvenir aux dépenses des Bourses
et des Chambres de commerce.*

## TITRE VII

### Dispositions diverses.

#### ARTICLE 47

Le taux de la *contribution foncière des propriétés bâties
et des propriétés non bâties* fixé, en principal, par la loi
du 29 mars 1914 à 4 %, *est élevé à 5 %.*

#### ARTICLE 48

Les deuxième et troisième alinéas de l'article 30 de la
loi du 29 mars 1914 sont remplacées par les dispositions
suivantes :

« Tout propriétaire exploitant pour son propre compte,
lorsque le revenu imposable de l'ensemble des propriétés
non bâties qui lui appartiennent n'excède pas 400 francs
et que son revenu total n'est pas supérieur à 1.250 francs,
aura droit à la remise du principal de la contribution foncière établie sur les terres dont il est à la fois propriétaire
et exploitant, jusqu'à concurrence de l'impôt afférent à
un revenu imposable de 200 francs.

« Pour obtenir le bénéfice des remises prévues au paragraphe précédent, le contribuable devra faire, à la mairie
de la commune de son domicile réel, une déclaration écrite
donnant l'indication d'après les documents cadastraux, de
toutes les propriétés non bâties qui lui appartiennent et de
celles de ces propriétés dont il assure directement l'exploitation. Il devra affirmer en même temps que son revenu

total n'est pas supérieur à 1.250 francs ; cette affirmation sera tenue pour exacte à moins que la preuve contraire ne soit apportée par l'administration. »

## ARTICLE 49

*Le taux de l'impôt général sur le revenu fixé par la loi du 30 décembre 1916 à 10 % est élevé à 12 fr. 50 %.*

## ARTICLE 50

L'article 10 de la loi du 15 juillet 1914 est complété comme suit :

« En ce qui concerne les revenus soumis à un impôt spécial établi par voie de rôle, le contribuable a la faculté de les évaluer d'après les règles fixées pour l'assiette de cet impôt spécial. »

## ARTICLE 51

Les dispositions des articles 21 à 24 de la loi du 15 juillet 1914 relatives à l'impôt général sur le revenu sont applicables aux impôts institués par la présente loi sur les bénéfices des professions commerciales et industrielles, sur les traitements publics et privés, les indemnités et émoluments, les salaires, les pensions et les rentes viagères et sur les bénéfices des professions non commerciales.

## ARTICLE 52

*Sur les impôts institués* sur les revenus *par la présente loi* et perçus par voie de rôles, ainsi que sur l'impôt foncier, *chaque contribuable a droit*, en ce qui concerne la part de l'Etat, à une *réduction de 5 %* pour *UNE personne à sa charge*, de *10 %* pour *DEUX personnes*, de *20 %* pour *TROIS personnes*, et ainsi de suite, *chaque personne* au delà de la troisième donnant droit à une nouvelle réduc-

*tion de 10 %, sans que la réduction puisse être, au total, supérieure à la moitié de l'impôt.*

Sont considérées comme personnes à la charge du contribuable, celles qui sont désignées à l'article 13 de la loi du 15 juillet 1914, relative à l'impôt général sur le revenu.

Pour s'assurer le bénéfice des dispositions qui précèdent, les contribuables feront parvenir au contrôleur du lieu de leur domicile une *déclaration indiquant les nom, prénoms, date et lieu de naissance de chacune des personnes à leur charge, ainsi que les circonstances* (lien de parenté, etc.), de nature à justifier que ces personnes rentrent dans la catégorie de celles qui sont visées au présent article.

Les déclarations indiqueront également les impôts sur lesquels sont susceptibles de porter les dégrèvements et les communes dans lesquelles ces impôts doivent être établis.

Les *déclarations* seront reçues *dans les trois premiers mois de chaque année*; elles seront valables tant que leurs indications n'auront pas cessé d'être exactes; dans le cas contraire, elles devront être renouvelées dans le délai ci-dessus indiqué.

## ARTICLE 53

*Les bénéfices de l'exploitation minière* et des opérations rattachées à cette exploitation pour l'assiette de la redevance proportionnelle des mines restent soumis à cette redevance, conformément à la législation en vigueur, et ne *sont pas assujettis aux impôts institués par la présente loi.*

## ARTICLE 54

*Les omissions* totales ou partielles constatées dans l'assiette de l'un quelconque des impôts institués par la présente loi *peuvent être réparées jusqu'à l'expiration de la cinquième année suivant celle au cours de laquelle l'imposition aurait dû être établie.*

## ARTICLE 55

Pour l'établissement des divers impôts portant sur les revenus, l'administration des contributions directes a le droit d'obtenir de tous les services publics communication des renseignements recueillis par ceux-ci en vertu des lois existantes.

## ARTICLE 56

Les dispositions de la présente loi sont applicables à partir du 1ᵉʳ janvier 1918.

Toutefois, nonobstant la suppression des contributions personnelle-mobilière, des portes et fenêtres et des patentes, les droits dus au titre de ces contributions pour les années antérieures à l'année 1918 pourront être établis et recouvrés dans les conditions et délais prévus par la législation précédemment en vigueur.

La présente loi, délibérée et adoptée par le Sénat et la Chambre des Députés, sera exécutée comme loi de l'Etat.

Fait à Paris, le 31 juillet 1917.

R. POINCARÉ.

Par le Président de la République :

*Le Ministre des Finances*

J. THIERRY.

# DÉCLARATIONS



(Lois des 15 Juillet 1914 – 30 Décembre 1916)

La déclaration écrite relative au revenu général est obligatoire dans les *deux premiers mois* de l'année (art. 16).

(Loi du 31 Juillet 1917)

La déclaration écrite du chiffre d'affaires est obligatoire, mais *seulement sur requête du contrôleur des contributions directes* adressée par lettre recommandée, dans un délai de *vingt jours* à dater de la réception de cette lettre (art. 9).

La déclaration du chiffre d'affaires des établissements où il dépasse 1 million, et qui s'adonnent surtout à la vente au détail, est obligatoire dans les *trois premiers mois* de l'année (art. 14).

La déclaration des traitements, salaires, pensions, et tous avantages par les employeurs, est obligatoire dans le *premier mois* de l'année (art. 26).

La déclaration des bénéfices des professions libérales, charges et offices est obligatoire dans les *trois premiers mois* de l'année (art. 33).

Les déclarations relatives aux charges de famille sont reçues dans les *trois premiers mois* de chaque année (art. 52).

Les déclarations doivent être adressées au contrôleur des contributions directes.

## OBSERVATIONS

Les contributions anciennes : personnelle-mobilière, portes et fenêtres et patentes ne sont supprimées par la loi du 31 juillet 1917 qu'en ce qui concerne la part de l'Etat.

Elles subsistent, jusqu'au vote d'une loi spéciale, en ce qui concerne les centimes départementaux et communaux.

IMPRIMERIE LORRAINE, RIGOT ET CIE, NANCY

www.ingramcontent.com/pod-product-compliance
Lightning Source LLC
LaVergne TN
LVHW012255050726
842524LV00004B/1137